025
다시올시선

詩

오늘

송기남

송기남

다시올

시인의 말

내가
당신을
생각하는 건

삶과
삶의
여정이기에

당신도
이제부터
나를 생각해주세요

2016. 11.

송기남

오늘

■ 차례 ■

1부 텃밭 가는 길

2부 꿈꾸는 공주

3부 홀씨

4부 바람의 향기

사랑합니다

당신을

1부
텃밭 가는 길

사과

그대 가슴에
청옥 하나 있었지

세월을 머금고
조금씩 아주 조금씩
새악시 볼처럼
홍옥이 되어 갔지
겉과 속이 다르게

계절의 변화에도
세월의 이야기에도
마음과 마음이
사랑과 사랑이 있었음에
맛의 달콤함이 싹텄지

흠뻑 익은 부끄러움에
감추어 놓은 속살은
연노랑 보드라운 손길로
이 밤도 영글며
불그레한 아침을 기다린다

고추 농사

사각 스티로폼
윤기 없는 거친 흙 속

고추나무 세 그루
작디작은 하얀 고추 꽃
아기처럼 정성 먹으며 자란다

작아도 고추인 걸 뽐내며
사각 통 구석구석 뿌리 뻗어
온갖 영양분을 찾아 먹었나

토실하게 살이 오른 날
이별의 아픔을 맛보며
조신하게 한 입 베어 물고

오래도록 씹으려 했건만
언제 차올랐나 독기가 입안 가득
정성 들인 마음에 보답한다

내년엔 거름도 사랑도 듬뿍 주어
형제들 다복이 만들어
헤어짐의 섭섭함보다
다산의 기쁨 맞이해야겠다

고래 새

비가 온다
얼굴만 한 유리창엔
작은 냇물이 흐른다

비를 머금고 거대한
폭포 소리를 내며
헬륨도 없는 고래는
푸른 하늘로 뛰어올라

구름 위를 유영하며
신세계를 탐닉하고
햇살의 수명이 다할 때
날갯짓도 끝내야 한다

멋진 다이빙으로
쇼를 마치는 고래 새는
점으로부터 커져오는
현실에 몸을 맞춘다

비행의 끝
여행의 친구를 찾아간다

금전수

분명 너는 하나로 탄생했다
흙으로부터 받은 생명을
속으로 시간을 포개며

세상 여행할 용기를 얻어
너의 신비를 풀어 놓았지
고통으로부터 자유를 얻으며

꼭꼭 싼 허리춤으로부터
등줄기와 잎 하나 짝이 되는
사랑도 잊지 않았어

형제들은 자리를 비워주며
막내의 성장을 살펴주는
배려도 잊지 않았지

하루에 얻은 사랑만큼씩
성장하는 이 기쁨
진정 너의 탄생은 축복이었다

아침 삼겹살

거미줄 같은 길
아침 먹는 시간에
골목길 걸어간다

바람에 묻어오는
익숙한 냄새
어
삼겹살

돌도 소화 시키던
결혼 초야
새벽 운동 후 삼겹살 한 근

아침부터 고기 굽는
동네 이상한 부부가
풍겨냈던 그 냄새가

오늘 어느 집
부부의 행복한 미소로
골목길 가득 채운다

다시 올 수 없는
아
그 시간
그 내음

거울 · 1

또 하나의 나

텃밭 가는 길

도시를 돌아
야트막한 산기슭
연록의 순과 대화하며
자연인이 되어 간다

고추 상추 가지 방풍
쑥갓 부추 시금치까지
모두 잘 자라주길 바라며
사랑으로 씨앗을 뿌리는

삶의 의미로 가는
이모작 길에서
바램이 하나씩 만들어지는
정상의 기분을 느끼며

작은 풍년이 찾아올
내 가슴 닮은
아이들 만나러
밭으로 발걸음 재촉한다

행복 이발소

이거 선물
어머 이거 콜라비네
시골 갔다 생각나서 사 왔지
얼마 줬어요 2,500원

팔도 사투리 오가고
작은 정성에 큰 사랑 받는
인정이 흐르는 곳

흐릿한 눈동자로 들어와
부드러운 손길 닿기 바쁘게
꿈속으로 보내주는 최고의 호텔

새신랑 만들어 보내는
변장기술의 달인이 지키는
이발소는

행복 채워주는 내 고향

당구놀이

추억이 돌아간다
묵직한 당구공이
세월을 이고 돈다

까까머리 아이들
백설을 이고 돌아와
추억의 거리에 모여

희미한 눈으로
저 멀리 들판의 꽃 보듯
커다란 구슬을 노려본다

외길

길이었다
외길이었다
한 줄의 길 고 긴
길이 있을 뿐이다

하늘 바다 땅에도
모든 원하는 곳으로
집결된 길뿐이다

더 이상의 길도
길일 뿐
그 길 또한 나의 외길과
이어져 있다

하나의 길에
또 하나의 길이 이어진
그 외길은
거부할 수 없는 길이다

남해

여기 있는가
진정 바다와 함께

다도해
송송이 솟아나

남청색일 땐
해 높이 솟고

군청색일 땐
밤 온다지

은빛 멸치
눈으로 입으로
기억되는 생각마저

금산 명당에 넋 놓고 앉아
지나온 시절을 담아
한 폭 그림으로 남긴다

푸르름을 가슴에 담아

오늘의 운세

신문 속 열두 띠
동양인의 오늘의 운명

재물 무난 건강 양호 사랑 열정
길이 아니면 가지 말 것
목표 도달 성취감 생길 듯
좋다 이 정도면 굿데이

남쪽 귀인이라 했는데
오늘의 운세가 똑같은
남쪽 사람과
수다나 떨어 볼까

친구여
오늘은 무엇이든
맘 편하게 해도 좋다는
운세가 있으니

홀로 있지 말고
나와 함께 함은 어떠신가
햇빛 아래
우정의 맛 보러

달

달아
너의 밝음에
검은 바다는 춤을 추고
별들은 초라함에 숨었어

달아
너의 사랑스러움에
귀는 파도의 화음에 호강하고
눈은 술래잡기하는 별을 보았지

달아
너의 커다란 웃음에
만상이 화들짝 꽃피웠고
호롱불보다 커다란
그림자 선물도 주었지

머 언 서쪽 형제의 나라까지 찾아온 너는
흑해와 에게 해 넘고 지중해를 건너
달빛에 춤추는 검은 바다를 밟고
영원한 우정의 빛이 되었구나

지각변동

파도는 산을 쳤다
산은 속과 속이 뒤섞였다

셀 수 없는 시간이 지난 뒤
멈추어진 파도와 그 속은
철철이 새로운 물결을 만들고
지나간 그 시간을 들여다본다

산속 호수와 끝없는 사막이
지평선과 수평선을 넘어
길 하나에서
세월의 시계추가 되었다

시간이 간다
미지의 속으로
지렁이가
달을 지나가듯

해 뜨면

해 뜨면
산봉우리 불 지피고

산새들
아침 농부 부르면

햇살은
늘어진 능선 따라
거친 숨소리 몰아쉬며
산야를 깨우고

굴뚝 타고 오르는
어머님의 정성으로
여물 달라는 워낭 소리에
초가집 서서히 깨어난다

연

공허의 바다여 깨어라
꿈꾸는 자의
의식을 벗고
산고의 고통도 넘어
희망을 띄우게

바람아 불어라
폭풍 전야
불 먹은 광풍처럼
초록의 바다 위에
흔적 없는 흔들림으로 춤추게

힘줄이 솟아나고
작은 눈동자 광선처럼
하늘을 쏘아 볼 때
연 하나 창공에
그림 그린다

하늘

본 만큼만 주는 하늘

다 주었다
다시 가져가는데
눈 한번 껌벅이면 끝

마음과 마음 사이
만날 수 있는 거리만큼
얻어온 하늘의 크기는

하루의 영원함을
완벽히 소화 시킨
기쁨과 행복의 크기

주고 버림으로
마음이 커 가면
하늘의 땅도 넓어지리라

가슴을 펴고 마음껏 담아라
저 하늘을
넘치는 것은 다 그대의 것

제조사

술 그립고
말동무 그립고

그리움 가득
달 만드는 사람아

그리움보다
보고픔을 만들어 주세요

지뢰밭

고압 전류
도시가스
낡은 수도관
두더지 길 같은 지하철

폭탄 하나에
흔적만 남을 도시
안전 불감증에
걱정 없는 하루를 보낸다

매 순간 터지는 뉴스로
어떤 이는 마음 치료
어떤 사람은 몸 치료
귓가에 사이렌 소리가 머문다

남극의 빙하로부터
열대림까지
시상을 캐며
지낼 수는 없을까

지리산

숲이 하늘을 가렸다
그 틈새로
달빛이 숲을 보듬는다

하늘이 있다
달이 별 따라 왔다
별이 달린다

하늘과 땅 사이
소리와 내음으로
엮어 만든 거산은

머릿속 비운만큼
달빛 별빛 차고 들어
사랑이 자리를 잡는다

해

동쪽 바다 붉게 물들이며
바다 사이사이 작은 섬
조금씩 점령해 올 때

밭뙈기 놓으러 구릉 오르니
해는 굽은 등 한숨에 삼키고
자갈밭 호미질 더디게 한다

짧은 고랑마다 세상 시름 묻고
허기진 배 바다에 맡기며
함께한 긴 세월

왔던 이 또다시 떠나도
틈 한번 보이지 않는
절대자는

눈물도 사랑 되어
섬 사이사이 깊은 해저까지
섬세한 점령자가 되어간다

참새와 분수

참새 한 마리
분수에 와
콕콕 물쫀다

분수는 솟고
참새는 간다
둘이는 서로

잠깐 친했다
언제 또 보면
기억들 할까

소

드넓은 초원을
자로 잰 듯 관리하는 너

오늘은 여기서 지내라
주인의 말 한마디에
거부 없는 승낙

높고 낮은 언덕
비가와도 눈이 와도
불평 한마디 없이

줄 하나에도
남의 땅 침범 않고
초원을 누비는 너는

평화주의자

거기 있나요

2부

꿈꾸는 공주

부엌데기

나의 자리는 주방을 보고
당신의 자리는 화초를 보고

나는 권력을 잃어가는 자리
당신은 따뜻한 포옹의 자리

작은 것에 가깝게 다가가는 사이
주는 사랑으로 외길을 만든 당신

세월은 천사를 헤라클레스로 만들고
소크라테스는 포세이돈을 그리워한다

하나씩 잃어가는 건망증에 걸렸나
보이는 싱크대의 문제가

입 밖으로 나온다
가슴이 철렁

나는 아프로디테네
부엌데기나 하러 갈란다

오래된 사진

한겨울
빨래하시는
어머님의 손은
너무 차가웠습니다

말끔한 이부자리 속
아이 얼굴 그리며
미소로 추위를 데우고
햇살을 빌렸습니다

어머님은
지금도 빨래하는
사진 한 장으로
사랑을 전하고 계십니다

지금도 한겨울 빨래가
어머님을 기다리는 듯
아이는 어머님을 그리워합니다
사진 속 어머님이 가슴으로 들어옵니다

꿈꾸는 공주

들숨은 안 들리고
날숨만 들려도 좋다

홀로 팔베개로 행복한 잠을 자도
나의 팔베개로는 한 순배가 긴사람

이 꿈에서 저 꿈으로
어제의 꿈을 이어 꾸는 꿈 쟁이

새벽의 무게로 깨어나
춤사위로 만드는 청정의 아침

홀로 맞는 식탁엔 외로움 가득할 텐데
상큼한 봄나물 같은 향수 올려주고

사랑하는 아이의 향기가
방 안 가득 넘치게 해줘야지

웃음 하나 가득 담을
큰 가방도 만들어 주어야겠다

기쁨의 춤이 너풀너풀 날아
행복의 하루가 둘러둘러 갈 수 있게

공주님 오늘 시간 되면
행복 여행 떠나 볼까요

흔적

불이 꺼지고
의식이 휴식하는 시간
복잡한 길들을 찾아
과거로 거슬러 간다

꿈이 있었고
사랑이 있었고
탄생과 고통과
미완의 길이 있었다

봉황을 타고
세상을 돌고 돌아와
밤 익는 눈으로 다시 보는
흔적만큼 다듬어진 얼굴이 있다

꿈에 본
아프로디테가 잠자고 있다

그림자 · 1

붉은 태양이 마실가며
남긴 흔적

조용히 찾아온 손님인 양
달빛이 그대를 감추려 할 때

하룻밤을 함께한 시간
정화수 맑은 물에 달 띄우고

밤 배 만들어
잠자던 님 불러 태우면

바람은 구름을 밀어
별을 따오고

새로운 기억들
추억의 소품에 담아

그대가 찾으면
한 짐 짊어지고 가리다

그대를 탐내는
달빛과 맞서러

배려

먼저 하는 생각

웃음 곳간

웃음 왕국 만드신 부모님은
하얀 목련 나무였습니다

한 겹 살갗으로 꽃눈 감싸듯
얇은 이불 속 온기로 겨울을 나고

하얀 속 살 화려함은
잠시임을 알기에

온몸으로 땀 흘리며
사랑 하나로 꾸며온 세월

바람도 쉬어가는 푸른 숲 이루고
삶의 풍요함을 곳간에 모은 지혜

그 속에서 자란 튼튼한 싹은
또 다른 곳간을 채워가는 순환의 역사

나도 부모님 만큼만
웃음 곳간을 채웠으면 좋겠다

어머님의 속임수

어렸을 적
어머님은 배고픈 적이 없고
누워서 주무신 적도 없다
어머님은 그때부터
완벽한 속임수의 신이 되셨다

학창 시절
어머님은 은행 금고였고
화낼 줄도 모르고
기다림을 밥으로 드셨다
그때는 아무것도 모르고
어머님의 속임에 넘어갔다

성인이 되어서
어머님은 늙지 않았다고
아직 정정하다고
아픈 곳 하나 없다 하셨다
또 어머님의 속임수에 넘어간 것이다

어느 날
내 곁을 떠나신
어머님의 빈자리엔
마술 같은 어머님의
영상만 헛돌고

완벽한 어머님의 속임수는
지금도 내 가슴에 숨 쉬고 있다

기도

하늘이여
땅이여

우리에게 주신 사랑으로
꾸며진 가정을 축복하시고
모든 가족에 화목을 주옵소서

사랑의 씨앗을 주셨으니
행복과 기쁨을 전하는
아름다운 사람 되게 하시고

자신보다 우리를 생각하는
모두와 함께할 수 있는
진솔한 사람 되게 하옵소서

양지가 있어 음지를 생각게 하고
음지가 있어 양지가 좋은지 알듯
자연의 섭리를 따르는 사람 되고

한번 먹은 마음 변치 않는
노력하며 실천하는
따스한 사람 되길 원 합니다

나의 행복을 위해서가 아닌
우리를 위하고
우리의 후손을 위하여

가정과 나라를 지킬 수 있는
든든한 등댓불로 남기를
가슴으로 기도 드립니다

자식

황금 같은 아이들
닳을까 걱정하며
하늘처럼 생각했는데

어느 날 찾아온
인연의 열매를 먹고
곁을 떠날 때

주마등 같은 시간이
나에게도 있었던 것을
이제야 알았네

세월이 가져간
보물 같은
내 피와 살

오늘을 또 지나
다시 올 그 날
무슨 생각 하며 그리워할까

첫 월급

멋쩍게 내민
두툼한
하얀 봉투

울타리를 넘어
장막 없는 들판에서
새롭게 만든 삶의 값

마음의 눈을 키우고
끊기 어려운 것 중에
쉽게 끊어지는 것에 마음 더 쓰고

작은 일로 큰 것을 버려야 하는
아픔을 만들지 말고 매일
행복한 추억으로 가득하기를 바라며

세월의 땀만큼
두툼해질 아들의 월급봉투에
절로 미소가 난다

결혼

너와 나
우리로 하나 되어
또 하나 새로이 탄생함은
둘과 셋을 잇는 인연의 가교
새로운 천일홍 찬란히 피어나리라

이슬

그대와
나의 행복
마음 가득 생각하는 것마다
그대 품 안에 한껏 담아라

밤에는 달을
낮에는 해를
우주를 품은 영롱함이여
그대는 빛나지 않는 빛이어라

친구 같은 아들

홀로
아메리카를 졸업하고
북극점 오로라 땅까지
저력의 사나이 되어
나라의 기둥으로 성장한
건아여
그대 가슴에 담은 것들이
모두를 위함이라면
아픔을 위하여
건배를 들어라

손톱에 낀 가시
눈에 티
바닷속 지진
세상의 이치는
생각없이 일어나는 것
사랑스럽고 포근한
친구 같은 아들아
하나에 머물지 말고
하나 더 할 수 있는 사람으로
함께 했음을 기억나게 하라

경대

온갖 것들이 수다 떨며
주인을 기다리는 시간

거울의 한마디
주인님 예쁘게 만들어도
봐주는 내가 없으면 어이할꼬

수군대던 아이들 넋 놓을 때
대장 노릇이 즐거운 거울의
자랑질은 밤새 이어지고

아침 해 거울로 들어오면
우리 님 어떤 모습으로
나에게 올까

끝없는 기다림과 기대로
정갈한 경대의 또 하루가 간다

자리

생각만 하고 있으면
그 자리

생각하며 걸었다면
간 자리

생각을 키웠다면
새로운 자리

지금 당신은
어느 자리에 있나요

소리 쳐

비 오는 날은
우산도 없이
그림자와 함께
인사동으로 가야겠다

보고 싶은 얼굴들
하나씩 소주잔에 담아
얼큰히 취한 시인이 되어
고래고래 소리함 쳐 봤으면 좋겠다

속이 확 풀어지게

허기진 사랑

있지도 않은 길 이어
길을 만드신 아버님

돌아오지 않는 메아리를
담아두신 어머님

힘들게 만들어 준 길 마다하고
들려주신 귀한 말 잊은 채

작은 방랑자로 돌아온 세월
심성 하나 두 분 닮아

상처 주지 못하는 삶을 이어왔기에
자식이 자식을 낳아놓고

자랑할 곳 없어 소리 없이
베갯잇 적시던 허기진 사랑을

옮겨야 하는 이삿짐에 넣지 않고
바람 햇살 노을을 섞어

채울 수 있는 사랑을 하렵니다
가슴이 꽉 차도록

사진

보여주기 위했던
하나씩의 추억이
기억되지 않는 곳에서
색 바래 간다

가을이 올 때마다
퇴색된 낙엽과
빛바랜 사진은
홀로 여행을 떠난다

마음속 사진 만들러
강 따라 나도 흐른다

그리움

바다를
담아
한 잔

노을을
담아
두 잔

구름을
담아
석 잔

나는
취해
버렸네

친구가
그리워
더욱 취했네

친구야

만나면 헤어지기 섭섭할
친구야

답답한 것 다 잊고 걸팡지게
한 번 놀아볼까

인생 뭐 있겠나 웃음 속에
행복의 비법 있겠지

그대와 나의 웃음으로
답답함을 풀어보세

우리는 시간 속에서
그리움을 만들어야 하고

만나서 가슴이 살아 뛴다는 것을
확인해야 하니까

오늘 친구의 얼굴을 볼 수 있을까
기다릴게 친구야

숭늉

아 시원하다

속이 다 개운하네

알프스 따라

빙하의 물
고요의 호수
세월 하나씩 먹으며
고뇌의 친구 되어
긴 새벽을 건진다

알프스를 삼킨 안개는
조금씩 조금씩 토해내며
나그네 따라
뜸 뜸한 집 창 넘어
아침 등불로 위로하고

마을 어귀 보호수
이야기보따리 풀며
마이클이
제인이
톰 아저씨가

긴 이야기 꼬리 뒤로
나그네 알프스 먹으며
빙하 따라 산속으로 간다

거울 · 2

슬며시 웃음 지어보는
사람이 거기에 있다

함께한 시간만큼
믿고 의지하며

밝은 곳에서
미소가 더 멋지고

사람들 속에서도
가장 빨리 나를 찾아내는

사각 코너에서는
보초까지 세워

힐끔거리며 봐주는
그런 사람이 있다

아주 가까운 거울 속에서
나를 응원하고 있다

복 가져가세요

많이

3부
홀씨

나뭇가지처럼

참새가 왔다 갈 때
흔들리는 나뭇가지는
내어줌을 안다

지나가는 바람에도
막 피어난 꽃에도
섭섭해 하거나 서러워하지 않고

어울림을 핑계로
홀로 생명을 넣어
기다림을 실천해 본다

지난 시간은 겨울나무 같아도
봄이 오면 다시 싹을 피우는
필요함으로 매일 자리를 지킨다

산

빗물을 잉태한 산은
언제가 산 달 인지 모른다

자연의 흐름에 순응해
산고의 고통도 이겨내며

소리 없이 연약한 뿌리로
온 산을 두른다

군더더기 감춘 흰 눈처럼
영광의 상처들을

침묵과 묵언으로
포효와 괴성을 타이르며

보이지 않는 바다와 같은
호수를 품고 있다

우리는 매일 그 호수에서
미래의 가슴을 채운다

고향 담기

온 산 휘젓고
굽이굽이 돌고 돌아
정처 없는 방랑길 떠난다

홀로 서러워
밤안개 새벽이슬 껴안고
벗 삼아 가는 먼 길

마중 나온 달님에게
기약 없는 작별인사 남기며
떠나는 고향의 추억

작은 것 하나까지
렌즈 없는 사진기에
쉼 없이 담는다

아
내 고향의
내음아

고통

겨우
너 정도 가
나를

홀씨

홀씨 하나
내려앉을 듯
앉을 듯

나비처럼
바람이 곁 내주면
나플나플

이 골목 저 골목
성당의 종탑
이끼 틈까지

속삭이듯
꼬드긴다
안아 달라고

오늘

세상을 품고
떠오르는 태양
땅의 정기와
내 마음 까지
담아
오늘을 드립니다

당신의 실 가닥 같은
생각 하나만
나에게서 놓지 말아 주세요
매일
주고 싶은 오늘을
배달할 수 있게요

고맙습니다
감사합니다
사랑합니다

오늘도
당신을 위한
기도를 드리렵니다

달팽이와 난 꽃

정 사각 백자
작은 난 화분
속 빈 달팽이 한 마리
자리를 틀었다

심한 갈증을 느껴도
햇살에 등이 갈라져도
가족이 그리운 밤에만
고개를 살짝 내밀뿐

찾아 주지 않는
주인을 그리며
햇살과 달빛을
사랑한

달팽이는
고통 속에 난을 잉태하였고
향 그윽한 한 송이
백색의 꽃을 출산하였다

홀로

그림자 · 2

어둠이 내리면
덩실덩실
춤추는 사람

밤이 깊을수록
작은 불빛까지 쫓아가
한풀이 춤을 춘다

바람이 쉬어 갈 땐
막춤도
잠시 쉬고

공연이 끝나면
해를 앞세워 서쪽으로
또 다른 여행을 떠난다

오늘 밤엔 어떤
춤꾼들 찾아와
이 밤을 즐길까

그 날

비 오는 저녁
굴뚝의 연기는
저음으로 깔리고

군밤 태우던 밤
빗물에 구멍 난 연기는
추억 저편 기억으로 스며든다

열 손가락 하나하나에
정성을 쌓으시던
어머님의 온기가

밤과 함께 익어가던
그날이
오늘 같구나

축지법

앞서가는 아가씨
앞설 수가 없다
속도 보폭 힘 계산상 계속 뒤에서
걸을 일이 아니다

그런데 나는 뒤를 걷는다
일부러 속도를 내본다
빨라지는 걸음 가까워진다
다시 간격이 난다

온갖 생각을 실천해 본다
드디어 찾아낸 방법으로 걷는다
축지법
아가씨가 저 뒤에 있다

이겼다
알았다
마음이 앞서 걸으면
육체를 이끌게 된다는 것을

희망

드높은 창공과
푸른 숲에서
노래하는 새

세월의 틈에서
그림자에
벽이 되어주는 것

겹치지 않는 파도에
발자국 찍어놓고
인내를 키우는 것

모두에게 다른
기쁨을 주는 생각에
오늘을 낭비해 보는 것

내가 없는 만남에
네가 있는 듯
응원해주는 사람들이 많은 것

모두 나의 희망이 되어
밤을 밝히는
등불이 되어준다

기차는 8시에 떠난다

비 머금은 잿빛 하늘
긴 여음의 기적 소리가
음악을 먹는다

색 바랜 사진도 이런 날이었을까
아버지와 아들
단 하루의 긴 동행

낯설지 않은 환상
이미 있었다는 느낌
과거를 만나러 가는 기분

기차표의 8시를 기다리며
추억으로 가려 한다
육체로부터 시간 속으로

오늘이 들어있는 순간만큼
설렘도 남겨놓는다
도착할 곳의 기억을 담기 위해

비요일

조용히 잠들어 있는 아침
두꺼운 목련 잎 떨어지는 소리에
새벽 비는 아스팔트를 야금야금 삼키고

여름의 잔열이 남아있는 사이
몸으로 느끼는 변화를 곳곳에서
얻고 싶은 생각이 간절하다

눈뜨지 못하는 사람과 해는
저 먼 우주로 가려고
홀로그램에 빠져들 때

굵어지는 빗방울은
진공의 방에서 적막을 가두니
나뭇잎 춤사위를 빠르게 한다

꿈속에 빠진 일요일
고요가 깊어 갈수록
빗물과 시네마 되어간다

빈자리

우면산 둘레길 빈 의자
산비둘기 한 마리
쉼 없는 두리번거림은
바람이 모른 척 지나가서일까

비둘기가 내어준 자리에
노부부 자리를 한다
아이고 힘들어
편하고 좋네! 고맙구만

해도 쉬고 달도 쉬어 가고
바람도 잠시 머물다간 빈 의자에
내 자리도 언제나 있었음을
모르고 지나간 날들

지금 그 곁을 지나고 있다

받으세요

선물 받으세요
바쁘더라도 잠시 짬 내어
하늘 높이 두 팔을 벌리면
웃음 나도록 드리겠습니다

본 만큼
들은 만큼
생각한 만큼
그것이 당신의 것이니

더는 가지려 애쓰지 마세요
덤으로 오는 것도 내 것 인양
넣으려 한다면
무거워서 도망갈지 몰라요

오늘이 준 하루
받은 만큼만
즐겁게 돌려주는
기품 있는 당신이 되어주세요

꼬끼오

운무가 짙게 깔린
산속 마을의 알람시계
꼬끼오가 깨운다

누가 알람 꼭지 좀 누르지
비싼 호텔 통째로 깨운
무서운 꼬끼오

홀로 가는 자전거 국토종주길

산 천 을 맛있게 만끽하며
근육이 단단해져 가는 만큼
머릿속은 맑아지고 시상이 반긴다

오늘도 닭 회치는 곳에서 잠들면 좋겠다
새벽 소프라노를 들으며
새로운 곳으로 가는 맛을 느낄 수 있게

품다

어려운 그대 마음까지도

저 왔습니다

떠돌이 구름과 어울린 시간
옛 벗 내음이 그리워
내 마음 바람 되어 왔습니다

빙하의 설움에 눈 뜨고
머물 곳 없어 덤으로 쌓여서
내 마음 눈이 되어 왔습니다

그리운 얼굴 하나씩 그리며
덜컹거리는 고향길 추억 담으러
내 마음 버스에 싣고 왔습니다

산 넘고 물 건너
함께 만들던 미소 찾으러
내 마음 기억 쫓아 왔습니다

눈 내리고 바람 부는 날
행복한 가슴 콩닥 이며
당신의 눈 속으로 들어 왔습니다

소리를 찾아

뻥 이요
강냉이 아저씨의 외침에
귀 막고 눈 감았지

시골 장터 한쪽
뻥 소리 와 같이 나온
하얀 김

쪼그리고 앉은 고사리손에
따끈한 강냉이
한주먹씩 쥐여 주던

웃음을 덤으로 주시던
그 소리를 찾아
오늘은 어디로 가볼까

하늘

빈 하늘에
새 한 마리 난 다
어 사라졌다

슬그머니 그 자리
구름이 와
날아본다

하얀 내 마음
그려보니
파란색이네

오늘
창 너머 하늘
내일 어디에 있을까

구름

저 구름
얼마예요

내 마음 닮은
저 구름 좀
살 수 있나요

사랑하는 님에게
꼭
보내고 싶어요

다 팔기 어려우면
소포에 담을
한 조각만이라도

누가
알려줘요
구름 주인 좀

노을

게 섰거라
가지 마라니까
태풍 온다고
구름 속으로
숨어 버렸네

가는 너를 잡으러
달리고
달려
을숙도 갈대숲에서
겨우 잡았네

구름 뒤에서
수줍음 타다
떠난 지 알았던 네가
다시 돌아와
모든 것을 황홀케 하는구나

지나간 날

겨울비 오던 옛날과
느낌이 같은 날

검은 그림자 산 내려올 때
고향의 향수 덩달아 따라와

저녁 알리는 흰 연기 하늘 타면
어머님 손 주름 고랑 고랑 만들고

눈가에 스민 세월의 기억으로
은방울 스르르 은하수 좇는다

밤이 밤을 찾아가는 길
마음도 이불 속 깊이 파고드는

그날이
조금 아까 지나가고 있다

낙엽

조으리

4부
바람의 향기

그대에게 갈 때는

생각의 정원
새털구름으로 포장해
바람의 힘으로 가져가겠소

그대 마음의 문 열어두오

하늘을

아
배고파

하늘을 먹어볼까

그대 생각 날 때
조금씩

그리움 담긴 하늘을

어
맛있네

계절

봄이 데려온 겨울은
급한 일도 없건만
안부도 없이 떠났고
그 자리에 탄생의 이름이
새로움으로 자랄 때

여름은 봄이 훌쩍 가도
또 보겠지, 그뿐
젊음에 젖어버린 몸이
목적 없는 바람에
익어가는 줄 모르고

가을의 또 다른 잉태로
신비의 맛을 넘어
자연의 나눔을 품고
행복의 기준을
탄생과 헤어짐을 넣어

변하지 않는 신호등에 걸려
깊은 동면에 빠지면
두꺼운 옷 속으로
숨겨 놓은 봄을 잠재우며
스스로 민낯에 화장을 한다

바람

창가에 앉아
햇살을 기다리며
나뭇잎 흔들림으로
바람 소리를 듣는다

어제 지나간 바람은
쓸쓸한 소리로 가고
지금 지나는 바람은
살포시 웃음 띠며 간다

또 오는 바람은
버릇없이 와도 좋다
무엇을 담아 와도
지나갈 테니

궁금한 소식은
남기며 가겠지
스치듯 가면서
자기가 바람인 줄 알 테니

봄

눈 녹는
속도로 오너라

돌계단 구석에도
떨어진 낙엽 속에서도
웅크리고 있는
궁금함이 싹트고

양지 켠 햇살에
새싹 돋는 소리로
다람쥐 밥 잉태하고

계곡 물소리
태교를 시작할 때
순백의 힘으로
숨은 친구를 부른다

입
춘
대
길
아

목련꽃

오븐에서 막 구어 낸
마법의 과자가
크리스마스트리에
주렁주렁
지칠 때까지 따 먹어도
남을 만큼 달려있네

자연

눈 속에 들어온
빨간 양귀비꽃 비치는 하늘
호프는 하늘 따라 오르고
흰 구름은 예술 한다 바쁜데

주어진 시간
천천히 가는 기차
햇볕 따가운 들녘엔
작은집 옹기종기 밤을 기다리고

가기 싫은 태양
그림자를 투정할 때
정해진 시간이 다가와
다독이면

모두가 한통속 되어간다
자연과

장미

계절의 여왕이 떠나도
태양 같은 정열은
타인의 손길을 거부한다

산속 오두막 사립문에서
사랑 찾는 방랑자로
행복을 전하는 전도사로

오늘이 가고 내일이 와도
잊을 수 없는 여왕의 잔재여
그대의 가시까지 안아 주리라

100만 송이도 부족한
사랑하는 사람의 계절아
그대는 아는가

향기가
된
나를

만남

달밤에 떠나는 구름과
반짝이는 별 하나
은하수에 기대 아쉬움 남기듯

밤은 깊어만 가고
행복했던 그림자와 이별은
기다림으로 남겨두고

머물고 싶은 사람과
속삭이던 긴 대화를
개구리울음에 섞어 보내며

시골의 맛과
생각이 함께 익어가는 추억
소중히 가슴에 담은 오늘

밤벌레와 밤하늘
그리고
만남의 시작이어라

채소

단비를 주고
돌아오는
자식 배웅한 기분

공들인 아이들
분가할 때 되어
쳐다보는 너

내 몸속 여행을 바라는구나
데려와 함께 웃으며
서로 한 몸이 되었네

행복도 같이 먹었네

바람의 향기

푸른 솔가지 끝
돌산 베고 누워
파란 하늘을 덮고

굽이굽이 용들의 하늘 오름
오작교 만든 길 끝엔
맥 끊긴 동아줄만 외로이

바람은 길 위에서 춤추고
햇살은 솔개의 깃을 말리고
변화의 구름이 하늘을 수놓을 때

오래전
늙은 가을은
추억 그대로 상영되건만

이 순간
이 바람의 향기는
누구의 것이었을까

가을 만찬

나뭇잎이 바람을 서핑할 때
나는 닭살이 돋고

햇살은 나뭇잎과 바람과
시간 사이를 누빈다

바람 타는 잎새의 소리와 햇살이
고목들의 춤 선생이 되어갈 때

도란도란 익어가는 가을의 이야기는
오색의 변화를 색칠하는 화선지가 되어

해와 달의 색으로
소리와 바람을 만들고

허한 마음을 채우는 붓쟁이 되어
천지의 변화를 그리고파

온 들판 한 상 가득
그대 위한 만찬을 차립니다

고추잠자리

매미들의 애절함은
마음속으로 떠났고

코스모스 잎 끝자락
홀로 앉은 고추잠자리

가을을 몰고 온다

가을에 누워

빛바랜 긴 의자에 누워 하늘을 본다
마음을 함께 느끼고 싶은 시간

나뭇잎에 시비 거는 바람을 들으며
고요 속 낙엽의 부대낌과
새들의 재잘거림 약수의 넘침도

연둣빛 잎새와 솔가지 사이를 누비는
작은 새의 쓸쓸한 비행까지도
마주 앉을 수 있는 벤치에서라면

지나는 가을의 한 귀퉁이와
기쁨과 적지 않은 햇살을
공유한다는 것만으로도 행복하다

삶

그런 거지 뭐
그럴 줄 알았어

그래
그런 거야

나만 몰랐던 거지
매일 가는 거야

스스로 끝이라고
느낄 때까지

김장

유난히
추운
날

김치라는 이름으로
모인 정들이
헤어지는 시간

산만큼 쌓은 정성
하나씩 보따리 되어
도착한 집에는

아삭거리는
행복의 소리
요란하겠네

목련 나무에 복숭아

목련꽃 떠나고
파란 떡잎 숲을 이뤄
한여름 더위를 이기면
목련 나무는 조그마한
파란 꼬마 복숭아를 품는다

가지 끝마다 여물어가는
솜털 입은 아이들
힘든 시간 이겨내면
또 팝콘 터지듯
목련꽃 터트리겠지

목련 나무는
새로운 것들과 동행으로
지금을 지나고 있다
자연과 연리지 되어

겨울 장미

한겨울 추위에도
당당한 파란색 줄기는
호위 무사 가시들
가지런히 줄 세우고

빨간 립스틱
꽃눈
그 입은
언제쯤 열리려나

야들한 가지에 매달려
그 시련 속에서도
여왕님의 행차 날 만
손꼽아 기다린다

겨울 산

시듦병 걸린 거목들
한 뼘 목 내밀고 양지쪽에
비닐 움막 지었다

굴러가지 못한 잎들은
푹신한 낙엽 길 만들어
발길 기다리고

억새는 머리 풀어헤치고
겨울나겠지
옆 산 까치 놀러 오라고

앙상한 가지로 능선을 품은
겨울 산은 싸한 바람 불어
나무의 움직임이 미약해도

사람들 가슴 보듬는
귀한 꽃들 꼭꼭 숨겨
겨울을 함께 난다

크리스마스 선물

루돌프가 나이 먹어
기력 회복 중이라 올해는
썰매를 끌지 못하게 되어
캐럴도 틀지 않고
내년을 기다리는 중이랍니다
그래도 올해를 그냥 보낼 수 없어
산타 할아버지의 승낙을 받고
오늘 밤 깊게 잠들었을 때
작은 선물 하나 보내려 합니다

내일 아침 일어나
콩닥 이는 가슴에 손을 대고
심장에 말해 보세요
내 선물 줘 라고
그럼 심장이 말해줄 겁니다
혹 답을 듣지 못한 분들은
저에게 연락해주세요
다시 보내 드리겠습니다
우리는 서로 믿는 사이니까요
즐거운 성탄절
행복한 일 가득하세요

보내야 할 것들

빗방울 하나씩 빗물이 한줄기
어디든 가겠지 떠나는 강물에
하나씩 얹어서 보내야 할 것들

가슴이 휑하게 들도록 떠나고
새로운 만남들 하나둘 채우면
언젠가 또다시 보내야 하겠지

시간이 흐르면 채우고 버리고
언제나 비워둔 만큼만 오거라
벅차게 몰려와 머물지 말거라

아직은 담아둘 그릇이 넘치니
기쁨도 아픔도 잠시만 있어라
언젠가 우리는 하나가 되리니

비워도 채워도 있는듯 없는듯
하루씩 행복한 시간이 오겠지
지금은 가거라 나몰래 가거라

떠나도 모르는 바보로 살리니

무언가

바닷가
수평선 위 작은 조각들

바람을 즐기는 갈매기
빈 낚싯대와 빈 사람

자연인이 되고 싶은
갈피 모르는 바람 속

시간은 바다로 들어가고
바다는 세월을 토해낸다

해풍과 함께 한 바위는
그 자리에서 천 년을 맞고

그림자 같은 그 자리엔
무언가를 찾는 우리가 있다

행복

〈송기남 시집「오늘」해설〉

훼손된 근원의 복원과 순수 서정

박남희(시인 · 문학평론가)

훼손된 근원의 복원과 순수 서정

박남희(시인 · 문학평론가)

1. 반문명과 친자연적인 인드라망의 세계

인간의 삶을 둘러싸고 있는 환경은 인간을 파괴하기도 하고, 손상되었던 인간의 존재성을 회복시켜주기도 한다. 인간은 예로부터 자연과 더불어 소통하며 살아왔지만 문명이 발달하면서 자연환경과 자연스럽게 멀어지게 되고, 결국은 문명에 의한 자연파괴가 인간의 파괴로 이어지면서 훼손된 자연의 회복에 대한 관심과 열망이 인류의 중요한 과제로 자리

잡게 되었다.

최근에 세계 3대 문학상인 맨부커상을 수상한 한강의 소설 『채식주의자』의 주요 소재 역시 식물적 상상력의 범주 안에 있는데, 이 소설의 주제가 비폭력과 반문명에 닿아있다는 점에서 앞의 진술들과 맥락을 같이 한다.

이 소설에서 주인공 영혜가 말하는 "내가 믿는 건 내 가슴뿐이야. 난 내 젖가슴이 좋아. 젖가슴으론 아무것도 죽일 수 없으니까. 손도, 발도, 이빨도, 세 치 혀도, 시선마저도 무엇이든 죽이고 해칠 수 있는 무기잖아. 하지만 가슴은 아니야. 이 둥근 가슴이 있는 한 나는 괜찮아. 아직 괜찮은 거야."라는 독백이 우리의 가슴을 울리는 것은 어머니로서의 여성의 몸이야말로 자연과 가장 가까운 존재라는 함의가 우리들 의식 깊이에 자리하고 있기 때문일 것이다.

이번에 필자가 읽은 송기남 시인의 시집 『오늘』도 역시 반문명 친자연적인 상상력이 바탕이 되어 있다. 이러한 상상력의 표본이 되는 시가 바로 「달팽이와 난꽃」이다.

정 사각 백자
작은 난 화분
속 빈 달팽이 한 마리
자리를 틀었다

심한 갈증을 느껴도
햇살에 등이 갈라져도
가족이 그리운 밤에만
고개를 살짝 내밀뿐

찾아 주지 않는
주인을 그리며
햇살과 달빛을
사랑한

달팽이는
고통 속에 난을 잉태하였고
향 그윽한 한 송이
백색의 꽃을 출산하였다

홀로

—「달팽이와 난꽃」 전문

이 시는 동물인 달팽이와 식물인 난꽃을 단일한 상상력으로 묶어서 마치 달팽이가 난꽃을 낳은 것처럼 묘사하고 있는데, 이러한 상상력이 어색하지 않은 것은 여성의 몸을 식물적 생명의 토대인 대지로 바라보는 에코 페미니즘적 상상력과 무관하지 않다.

이 시에서 '달팽이'는 모성적 대지로서 "향 그윽한 한 송이/백색의 꽃"을 피우는 주체이다. 그런 점에서 '달팽이'는 단순히 동물이 아니라 식물적 상상력과 상동 관계를 이루는 은유적 대상인 셈이다. 이 시에서 달팽이가 기거하는 환경인 '정 사각 백자/작은 난 화분'은 천연적 자연이 아닌 문명 속의 인공적 자연이라는 점에서 갇힌 공간이다.

따라서 '달팽이'는 그곳에서 "심한 갈증을 느껴도/햇살에 등이 갈라져도/가족이 그리운 밤에만/고개를 살짝 내밀뿐" 자유로운 자연과는 거리가 먼 유배 아닌 유배 생활을 하게 된다. 그러다 결국 달팽이는 그곳에서 생명을 다하게 된다.

그런데 시적 화자는 그 후에 난꽃이 핀 것을 보면서 그 꽃이 스스로 핀 것이 아니라 달팽이가 "고통 속에 난을 잉태"하여서 피워낸 '출산'으로 보고 있다. 화자의 이러한 관점은 달팽이의 죽음과 난꽃의 개화가 서로 동떨어진 것이 아닌 하나의 커다란 인드라망 안에 있음을 말해주는 것이다.

이러한 상상력은 "수많은 가지가 있어도/참새가 왔다 갈 때/흔들리는 것으로/조금은 내어줌을" 아는 '나뭇가지'(「나뭇가지처럼」)의 상부상조하는 마음가짐이나 "나목의 가지 끝마다/걸쳐있는 물방울이/새로운 꽃이고/나뭇잎"(「끝없음」)이 된다는 진술 등으로 확장되면서 그의 시에서 매우 중요한 위치를 차지하고 있다.

길이었다
외길이었다
한 줄의 길 고 긴
길이 있을 뿐이다

하늘 바다 땅에도
모든 원하는 곳으로
집결된 길뿐이다

더 이상의 길도
길일 뿐
그 길 또한 나의 외길과
이어져 있다

하나의 길에

또 하나의 길이 이어진
그 외길은
거부할 수 없는 길이다

—「외길」 전문

이 땅에 길은 너무나도 많고 복잡하다. 우리는 그런 길들이 어디에서 와서 어디로 향하고 있는지 잘 알지 못한다. 그런데 그런 길들은 대부분 문명이 낳은 길이다. 그렇기 때문에 길마다 성질이 다르고 방향이 다르고 용도가 다르다. 그런데 「외길」의 화자는 자신의 길이 결국은 하나로 이어진 외길임을 인식하고 있다.

그에 의하면 자신의 앞에는 "한 줄의 길고 긴/길이 있을 뿐이다". 그 길은 하늘과 바다와 땅은 물론 '더 이상의 길' 도 포함하는 확장된 개념으로서의 길이다. 그 길은 인드라망의 그물처럼 서로 얽혀서 하나로 연결되어있는 길이고 그 길의 연장선상에 시인의 길이 있는 것이다. 그렇기 때문에 그 길은 인간이 임의로 변경할 수 없는 '거부할 수 없는 길' 이다.

이러한 사유는 어찌 보면 결정론적 사유로 볼 수 있지만 넓게 보면 자연과 인간이 하나로 묶여지는 친자연적 세계관의 표현이라고 말할 수 있다.

시인은 "고압전류가 흐르고/도시가스가 지나고/낡은 상하수도관/두더지길 같은 지하철"(「지뢰밭」)이 복잡하게 얽혀 있는 도시의 삶을 지뢰밭 속의 삶으로 표현한다. 이러한 지뢰밭은 문명적 외부환경뿐 아니라 "매 순간 터지는 숙제들로/어떤 이는 술로 마음치료/어떤 사람은 수술로 몸치료"(같은 시)를 받는, 인간의 몸과 마음에 모두 자리하고 있는 지뢰밭이라는데 문제가 있다. 그리하여 시인은 이러한 문명의 지뢰밭을 떠나서 아무런 걱정이 없는 자연 속의 삶을 동경하게 되는 것이다.

이러한 시인의 마음은 구체적으로 "빛바랜 긴 의자에 누워 하늘을" 보고 "나뭇잎에 시비 거는 바람도 들으며//고요 속 낙엽의 부대낌과/새들의 재잘거림 약수의 넘침"뿐 아니라 "연둣빛 잎새와 솔가지 사이를 누비는/작은 새의 비행"(「가을에 누워」)의 모습을 관찰하고 그들과 하나 되려는 마음으로 나타난다. 하지만 시인은 한편으로 그들의 이러한 모습을 쓸쓸한 눈으로 바라본다. 이것을 시인은 "큰 것으로부터/비켜야하는 나약함이 보여서인가"라고 반문하고 있다.

시인이 이처럼 자연 속에 완전히 동화되지 못하고 일말의 불안을 느끼는 것은 그가 문명 세계를 살아오면서 겪게 된 폭력과 트라우마 때문일 것이다. 이러한 상처를 치유하기 위해서 시인은 자연으로서의 어머니와 고향을 찾아 나서게 된다.

2. 자연으로서의 어머니와 고향

문명 세계의 상처를 보듬어주고 치유해 주는 것이 자연이라면, 문명 세계 속에서 받은 인간의 상처를 치유해 주는 곳은 따뜻한 어머님의 품과 고향이다. 자식에게 있어서 어머니의 품은 자신의 품 안에서 온갖 동식물을 길러내는 자연과도 같이 넓고 큰 것이다.

그것은 마치 "하늘과 땅 사이/소리와 내음으로/엮어 만든 거산"이 "머릿속 비운만큼/달빛 별빛 차고 들어/ 사랑이 자리를 잡는"(「지리산」)모습과 흡사하다. 지리산이 그 속의 온갖 생물들에 사랑의 품을 내어 주듯 어머니의 품은 가장 이타적인 사랑의 보금자리이다.

빗물을 잉태한 산은
언제가 산 달 인지 모른다

자연의 흐름에 순응해
산고의 고통도 이겨내며

소리 없이 연약한 뿌리로
온 산을 두른다

군더더기 감춘 흰 눈처럼
영광의 상처들을

침묵과 묵언으로
포효와 괴성을 타이르며

보이지 않는 바다와 같은
호수를 품고 있다

우리는 매일 그 호수에서
미래의 가슴을 채운다

—「산」 전문

일반적으로 산은 그 외형적인 모습이 남성을 느끼게 하지만 산의 넓은 품의 희생적인 사랑을 알게 되면 오히려 어머니를 떠올리게 된다. 「산」의 화자 역시 산을 '빗물을 잉태한' 모성적 산으로 인식하고 있다.

"자연의 흐름에 순응해/산고의 고통도 이겨내며//소리 없이 연약한 뿌리로/온 산을 두"르는 산이야말로 모성성의 전형이 아니고 무엇이겠는가?

어머니로서의 산은 포효와 괴성을 침묵과 묵언으로 다스릴 줄 아는 지혜의 산이며 "보이지 않는 바다와 같은/호수를 품고 있"는 넉넉하고 자애로운 산이다. 그렇기 때문에 화자는 산속의 넓은 호수에서 '미래의 가슴'을 채울 수 있는 것이다.

그런데 산이 잉태한 '빗물'은 그것이 생명을 낳는 물이라는 점에서 가치를 지닌다. 그 물은 우리의 몸속으로 들어가 생명의 핏줄이 되고, 우리의 몸 밖으로 흘러 새로운 생명의 길을 찾아간다. 물은 흐르다가 호수에 이르러 투명하게 고여 있는 물이 되기도 한다.

바슐라르에 의하면 이때 순수와 투명의 이미지로 표현되는 물은 행복한 몽상과 실존감정에서 유발되는 자족감을 느끼게 하는 요소로 작용할 뿐만 아니라 내적 평화와 화해를 은유하기도 한다. 이처럼 도시의 지친 심신을 풀어주고 새롭게 충전시켜주는 곳은 푸른 산과 맑은 물이 넘쳐나는 고향산천이다.

> 비 머금은 잿빛 하늘
> 긴 여음의 기적 소리가
> 음악을 먹는다

색 바랜 사진도 이런 날이었을까
아버지와 아들
단 하루의 긴 동행

낯설지 않은 환상
이미 있었다는 느낌
과거를 만나러 가는 기분

기차표에 박혀있는 8시를 기다리며
추억으로 가려 한다
육체로부터 시간 속으로

오늘이 들어있는 시간만큼
설렘도 남겨놓는다
도착 할 곳의 기억을 담기 위해

—「기차는 8시에 떠난다」 전문

이 시의 제목은 그리스의 위대한 작곡가 미키스 테오도라키스(Mikis Theodorakis)가 작곡한 '기차는 8시에 떠나네(To Treno Fevgi Stis Okto)'를 패러디한 것이다.

영화 〈그리스인 조르바〉의 주제곡으로 사용되기도 한 이 곡은 하리스 알렉시우(Haris Alexiou)와 조수미 등이 부른 유명한 곡으로, 당시 나치 정권에 저항해서 카타리나로 떠나 돌아올 줄 모르는 젊은 레지스탕스 청년을 추모하기 위해서 만들어졌다고 한다.

이 시의 화자는 아마도 이 음악을 들으면서 아들과 함께 고향으로 가는 기차에서 찍은 한 장의 사진을 들여다보며 추억에 잠겼을 것이다. 이 시에서 화자가 기차를 타고 가는 고향은 아마도 노래 속의 여인이 그리워하는 젊은 레지스탕스에 비견될 수 있으리라.

화자가 그리워하는 고향은 '단 하루의 동행' 이지만 아버지와 아들을 하나로 묶어주는 중요한 소통의 공간이다. 고향으로 가는 여행은 과거의 추억으로 가는 여행이지만 시인에게는 '오늘이 들어있는 시간' 이다. 즉 시인에게 있어서 고향은 시인과 영원히 단절될 수 없는 현재성을 지닌 곳이다.

하지만 시인에게 있어서 고향은 영원히 머물 수 있는 곳은 아니다. 시인은 그립던 고향에 내려가서 "온 산 휘젓고/굽이 굽이 돌고 돌아/강돌에 흔적 남기고/정처없는 방랑길"(「고향 담기」)에 오를 수밖에 없다. 그렇기 때문에 그는 "홀로 서러워/밤안개 새벽이슬 껴안고/벗 삼아 가는 먼 길/마중 나온 달님에게//기약 없는 작별인사 남기며/떠나는 고향의 추억/작은 것 하나까지/렌즈 없는 사진기"(같은 시) 즉 '눈 사진기' 로 쉼 없이 담게 된다.

겨울비 오던 옛날과
느낌이 같은 날

검은 그림자 산 내려올 때
고향의 향수 덩달아 따라와

저녁 알리는 흰 연기 하늘 타면
어머님 손 주름 고랑 고랑 만들고

눈가에 스민 세월의 기억으로

은방울 스르르 은하수 좇는다

밤이 밤을 찾아가는 길
마음도 이불 속 깊이 파고드는

그날이
조금 아까 지나가고 있다

—「지나간 날」 전문

그리운 고향은 타향에서 오랜 삶을 살아온 시인에게는 항상 그리움 속에서 떠오르는 추억의 공간이다. 그렇기 때문에 시인은 겨울비만 내려도 과거의 어느 겨울날이 떠올라 마치 데자뷔 현상을 경험하는 듯 착각에 빠질 때가 있다.

그리하여 시인은 추억 속으로 거슬러 올라가 "저녁 알리는 흰 연기 하늘 타면/어머님 손 주름 고랑 고랑 만들" 던 장면을 떠올리며 눈가에 은방울 은하수, 즉 눈물이 맺히는 것이다.

그런데 이러한 기억은 의외로 가깝게 느껴진다. 즉 시인은 오래된 기억 속의 "그날이/조금 아까"처럼 생생하게 느껴지게 되는 것이다.

3. 새로운 변화로서의 통시적 시간 의식

앞에서 살펴본 바와 같이 시인의 고향에 대한 의식은 변함이 없지만, 현실적인 삶은 커다란 변화를 겪게 된다. 이러한 변화는 단지 생활환경의 변화뿐 아니라 의식의 변화를 동반하게 된다. 인간은 일생을 살면서 몇 차례의 중요한 변화를 겪게 된다. 이러한 변화는 우리의 삶의 본질이 끊임없이 변하는 속성을 지니고 있다는 것과 무관하지 않다.

창세기에 보면 우리가 사는 우주는 혼돈과 무질서의 상태에서 무수한 변화를 거쳐서 현재의 질서를 갖게 되었고, 지질학상으로 보더라도 이 땅은 수많은 지각변동이 일어나서 생태환경 또한 엄청난 변화를 겪으면서 현재에 이른 것이다.

파도는 산을 쳤다
산은 속과 속이 뒤섞였다

셀 수 없는 시간이 지난 뒤
멈추어진 파도와 그 속은
철철이 새로운 물결을 만들고
지나간 그 시간을 들여다본다

산속 호수와 끝없는 사막이
지평선과 수평선을 넘어
길 하나에서
세월의 시계추가 되었다

시간이 간다
미지의 속으로
지렁이가
달을 지나가듯

—「지각변동」 전문

이 시는 마치 창세기를 새롭게 재현해 놓은 듯 무수한 지각변동이 있었던 우리의 통시적 삶을 역동적으로 묘사해서 보여주고 있다.

1연에서 "파도는 산을 쳤다/산은 속과 속이 뒤섞였다"는 표현은 무수한 지각변동을 겪은 창세기 초기의 모습을 연상시켜준다. 이러한 초기의 변화는 '셀 수 없는 시간이 지난 뒤' 에도 지속되어 "철철이 새로운 물결을 만들고" 그 변화 속에서 인류는 끊임없이 새로운 삶을 영위해 온 것이다. 시인은 이러한 시간의 변화에 따른 지각변동을 통시적으로 인식하면서 '지나간 시간' 을 반추해본다.

시인의 눈으로 보면 우리가 살아가는 세상은 "산 속 호수와 끝없는 사막이/지평선과 수평선을 넘어/길 하나에서/세월의 시계추"가 된 것이다. 여기서 '길 하나' 는 현재적 시간과 공간성을 지닌 상징적 이미지라고 말할 수 있다. 하지만 시간은 현재에서 머물 수는 없다. 그리하여 "시간은 간다/미지의 속으로". 우리는 이 땅에 살아있는 한 여전히 미지의 시간 속으로 나아가고 있는 존재들인 것이다. 그런데 시인은 이러한 움직임을 "지렁이가/달을 지나가듯" 천천히 가고 있다고 말한다.

이러한 시인의 인식 이면에는 느린 듯 변화하는 우리의 일상 속에서도 엄청난 지각변동이 지속되고 있음을 역설적으로 말하고 싶은 동양적 시간관이 자리하고 있다.

공허의 바다여 깨어라
꿈꾸는 자의
의식을 벗고

산고의 고통도 넘어
희망을 띄우게

바람아 불어라
폭풍 전야
불 먹은 광풍처럼
초록의 바다 위에
흔적 없는 흔들림으로 춤추게

힘줄이 솟아나고
작은 눈동자 광선처럼
하늘을 쏘아 볼 때
연 하나 창공에
그림 그린다

―「연」 전문

하늘에 연을 띄우는 것은 무언가 지상에서 이루지 못한 소원 같은 것들을 푸른 하늘에 자유롭게 펼쳐 보이고 싶다는 소망이 담겨있다고 볼 수 있다.

시인은 광활한 하늘을 '공허의 바다' 로 명명하면서 잠자고 있는 '공허의 바다' 가 깨어나기를 소망하고 있다. 따라서 시인이 하늘에 연을 날리는 행위 역시 '공허의 바다' 가 깨어나기를 바라는 행위로 볼 수 있다. 시인은 '폭풍 전야의 고요' 를 깨뜨려서 "불먹은 광풍처럼 요동" 치게 하고 싶은 간절한 소망이 있다.

이러한 표현은 시인의 내면에 들어있는 열정을 그대로 표현한 것이지만, 시인은 이러한 열정을 내면화시켜서 "초록의 바다 위에 돛단배 하나/흔적 없는 흔들림으로 춤추게"하고 싶다는 작은 소망을 피력하고 있다. 이러한 시인의 마음은 마지막 연에도 그대로 드러나 있다.

"작은 손이 점점 부풀어/힘줄이 튀어나오고/작은 눈동자 광선처럼/하늘을 쏘아"본다는 표현만 보면 어린아이가 어른이 되어 가면서 기개가 자라고 새로운 안목이 생기는 것을 의욕적으로 표현한 것이지만, 시인은 이러한 열정을 가라앉혀 "연 하나 창공에 그림을 그린다"는 진술로 마무리하고 있다.

시인의 이러한 차분함은 아마도 "가슴의 꿈틀임 만큼/몸이 비틀리고/아픔의 고통을 넘어" 살아온 무수한 세월의 경험적 산물일 것이다.

바닷가
수평선 위 작은 조각들

바람을 즐기는 갈매기
빈 낚싯대와 빈 사람

자연인이 되고 싶은
갈피 모르는 바람 속

시간은 바다로 들어가고
바다는 세월을 토해낸다

해풍과 함께 한 바위는
그 자리에서 천 년을 맞고

그림자 같은 그 자리엔
무언가를 찾는 우리가 있다

—「무언가」 전문

시인의 눈으로 보면 인간은 "바닷가/수평선 위 작은 조각들"처럼 방향 모르고 떠도는 미미한 존재들이다. 광활한 바다에서 보면 배나 인간이나 갈매기는 모두 작은 존재에 불과하다. 이 시의 정황으로 보면 몇몇 사람이 낚싯대를 들고 배를 타고 바다로 나가는 풍경이 그려진다.

그런데 시인은 '바람을 즐기는 갈매기' 와 '빈 낚싯대와 빈 사람' 을 대비시켜서 낚싯대로 표현되는 인간의 욕망이 얼마나 덧없는 것인지를 보여주고 있다.

배를 타고 바다로 나가서 낚시질하는 모습은 한편에서 보면 자연인이 되고 싶은 마음이 표현이지만, 다른 한편에서 보면 '고기' 로 표현되는 세속적 욕망이 자리하고 있다.

이러한 양면성은 이 시의 후반부에서 해풍과 함께 그 자리에서 천 년을 맞는 바위와 "무언가를 찾는 우리"를 대비시키고 있는 데서도 드러난다.

인간은 표면적으로는 자연인이 되고 싶다는 소망을 가지고 있지만 그 이면에는 끊임없이 무언가를 찾아 헤매는 인간의 욕망이 자리하고 있는 것이다. 인간이 찾아 헤매는 '무언가' 가 자연인인지 아니면 인간의 끝없는 욕망인지를 선택하는 것은 각자의 몫이다.

그의 시 「텃밭 가는 길」을 읽어보면 시인의 최종 목표가 어디에 있는지 드러난다. 시인은 "도시를 돌아/야트막한 산기슭/연록의 순과 대화하며/자연인이 되어"가는 소박한 소망을 가지고 있다.

그곳에는 "고추 상추 가지 방풍/쑥갓 부추 시금치까지/모두 잘 자라주길 바라며/사랑으로 씨앗을 뿌리는" 농부의 마음이 있다. 현재 서울 동작구 사당동에서 한국직업전문학교 교장으로 재직하고 있는 시인은 비록 농부는 아니지만 농부가 텃밭을 가꾸는 마음으로 아이들을 교육하고 있다.

시인이 이 시에서 표현한 "삶의 의미로 가는/이모작"은 아마도 시인으로서의 삶과 아이들을 가르치는 교사로서의 삶의 이모작을 말하는 것일 것이다. 이러한 이모작을 감당해내는 시인의 삶이 믿음직스러운 것은 그의 태도가 세속적 욕망에 있지 않고 탈속을 지향하는 '자연인'에 있기 때문이다.

이상의 논의를 종합해보면 송기남 시인의 시는 화려한 언어의 의상을 입고 있지는 않지만, 자연과 어머니라는 근원의 복원을 통해서 문명에 훼손되어가는 인간성을 회복시키려는 노력을 보여주고 있다.

마치 천상병의 시를 읽는 듯한 그의 맑은 서정은 편편의 시에 녹아들어 궁극적으로 자연인을 지향하는 그의 삶의 잊혀진 내재율을 복원해내고 있다. 그의 언어적 취향을 말하자면 그는 친자연적 채식주의자이다.

그는 그의 시에 동물적 목적성 대신에 맑고 투명한 식물적 서정을 내장하고 있다.

맨부커상을 받은 한강의 소설 여주인공 영혜의 말을 패러디하자면 그는 "내가 믿는 건 내 어머니와 자연뿐이야. 난 내 어머니와 자연이 좋아. 어머니와 자연으론 아무 것도 죽일 수 없으니까"라고 시를 통해 독백하고 있는 듯하다.

국립중앙도서관 출판예정도서목록(CIP)

오늘 : 송기남 시집 / 지은이: 송기남. -- 서울 : 다시올, 2016
p. ; cm. -- (다시올 시선 ; 025)

ISBN 978-89-94414-71-3 03810 : ₩10000

한국 현대시[韓國現代詩]

811.7-KDC6
895.715-DDC23 CIP2016026582

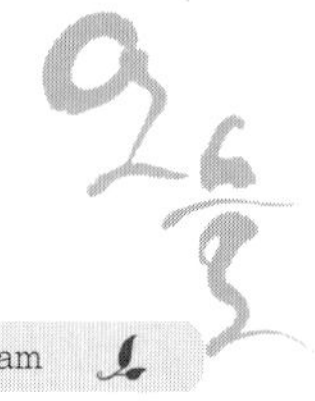

다시올 시선 025

오늘

초판인쇄 2016년 11월 10일
초판발행 2016년 11월 17일

출판등록 | 제310-2007-00028

지은이 | 송기남
발행인 | 김영은
펴낸곳 | 다시올

주　소 | 서울 노원구 월계동 382-55
전　화 | 070-7431-5941
팩　스 | 031-855-0223
메　일 | maxim3515@naver.com

ISBN 978-89-94414-71-3 03810

정가 10,000원